自然と人が織りなす島根の誇り

絶景島根

Proud art woven
by nature and people

photo by **KWAN**

地域の人へ、まだ見ぬ人へ贈る。

島根絶景
発刊への想い
──────
thought

地域の歴史や文化を
地域の人々とともに
残し、紡いでいく

地方出版は地域文化のバロメーターと言われます。私たちは、書籍を作ることで、固有の歴史や豊かな文化を持つこの地域を紹介する仕事をしてきました。同時に、研究者や表現者など、地域文化を語り継ぐ書き手たちを支える役割を担っていると考えています。

出版をとりまく状況は、楽観できるものではありません。しかし私たちは、この地にある出版社でなければ語り継げない歴史や文化を、地域の人々とともに残し、紡いでいく存在でありたいと考えます。地域とともに歩む出版社でありたいと願っています。

私は関西から山陰へやって来ました。島根ならではの自然や人が作り上げた美しい風景、歴史が息づく祭りや行事、豊かな自然の中で営まれる暮らしといったものに、何度も驚き、魅了されてきました。そこに暮らす人々にとっては当たり前かもしれませんが、私のように外から来た者には新鮮で、魅力あふれる風景に満ちています。

そんな風景を、ダイナミックに切り取った島根県全域の絶景写真を一冊にまとめました。地域の魅力を再発見してもらいたいと、地元の出版社だからこその視点で選んだ想いの数々。そこにある「絶景」をゆっくりとお楽しみください。

今井出版代表　島 秀佳

no.
01 ― 松江市

松江市 Matsue-city

Matsue city ― Matsue-city, Shimane-Pref, Japan

contents

古き歴史と文化に
魅了される
水辺にたたずむ城下町

01 松江市

Matsue city | The place we think of.

東西に中海と宍道湖、そして南北には中国山地と日本海を望むという恵まれた環境に加えて、古代出雲に始まり、江戸期には堀尾、京極、松平と3家にわたる城下町としても栄えた、歴史・文化的資源も豊かな松江市。また、2015年には松江城天守が国宝に指定されるなど、今では観光のメッカとしても全国的に知られるようになりました。

そんな島根県を代表する松江市エリアを素材に、定番の景観や人気のビュースポットに新たなスパイスを加えたり、地元でもあまり注目されていないロケーションにスポットを当てたりと、"ニュースタンダード"な視点で捉えた絶景を取り揃えました。

no.02 | 松江市袖師町 宍道湖 Lake Shinji

01 Matsue city | Sodeshi-cho, Matsue city, Shimane Pref. Japan

松江市殿町

松江城 Matsue Castle

01 Matsue city | Tonomachi, Matsue-city, Shimane-Pref, Japan

no.09 | 松江市玉湯町林 宍道湖南岸の桟橋 Pier on the South Shore of Lake Shinji

01 Matsue city | Hayashi, Tamayu-cho, Matsue-city, Shimane-Pref. Japan

no.12 ｜ 松江市美保関町美保関　美保関灯台 Mihonoseki Lighthouse

01 Matsue city ｜ Mihonoseki Mihonoseki-cho, Matsue city, Shimane Pref. Japan

産業から芸能までも
内包した
暮らしに溶け込む
やさしい情景

02 安来市

Yasugi city | The place we think of.

世界を市場にする安来鋼の生産地として、またどじょう
くいで全国に知られる安来節の生誕地として国内外に知
られる安来市。しかし、その"安来"を冠した2つの名物に
留まらず、山陰屈指の名刹清水寺や、戦国時代に勇名を刻
む尼子氏の月山富田城跡周辺など見どころは多く、それら
は観光資源としてだけでなく、地元にとっても身近な存在
となって人々に親しまれています。

そんな飾らない風情も感じさせるこのエリアの絶景には、
地域が手を尽くして育んだ暖色系の鮮やかさがよく似合い
ます。

安来市伯太町東母里

母里の風車

Mori no Fusha Windmills

02 Yasugi city ｜ Higashimori, Hakuta-cho, Yasugi-city, Shimane-Pref, Japan

雄大に、
そしておだやかに、
神話と人々の日常が
交差する場所

03 出雲市

Izumo city | The place we think of.

出雲平野のほぼ中央に市街地があり、張り出した島根半島の西端には出雲大社と南端の山間部に須佐神社、そして東には荒神谷遺跡と、出雲平野を中心に古代史の名だたる舞台が点在する出雲市。

カメラのファインダーを通すだけで、その歴史を語り始めそうな名所古跡も良いのですが、この地域に暮らす人々の原点を感じさせるような、広大な穀倉地帯が織りなす日常の何気ない風景もまた素晴らしいものです。

そんな想いを込めて編んだ、四季折々のたおやかな出雲絶景がここに在ります。

no. **20** ｜ 出雲市大社町杵築北　稲佐の浜 Inasa no Hama Beach
03 Izumo city ｜ Kizukikita, Taisha-cho, Izumo-city, Shimane-Pref, Japan

出雲市大社町日御碕

日御碕神社

Hinomisaki Shrine

03 Izumo city ｜ Hinomisaki, Taisha-cho, Izumo-city, Shimane-Pref, Japan

出雲市大社町日御碕

出雲日御碕灯台 Izumo Hinomisaki Lighthouse

03 Izumo city ｜ Hinomisaki, Taisha-cho, Izumo-city, Shimane-Pref, Japan

no.25 | 出雲市古志町 神戸川 Kandogawa River
03 Izumo city | Koshi-cho, Izumo-city, Shimane-Pref, Japan

中国山地の
懐深く抱かれ、
千変万化する
天然の色どり

04 雲南地区

雲南市／奥出雲町／飯南町

Unnan area | The place we think of.

雲南市、奥出雲町、飯南町からなるこの一帯は、面積の大
半が山間部で占められた中山間地域という共通項はありま
すが、たたら製鉄、スサノオノミコトとヤマタノオロチ伝説、
稲作、畜産、桜並木等々…その広大な面積を構成する市や
町、地域それぞれが独自に発展してきた歴史や文化があ
り、それがこの一帯がもつ重層的な魅力となっています。

ここではそうした中山間らしい自然景観の美しいフォルム
を紹介するとともに、その標高差が生み出す厳しい表情や
変化に富んだ色合いをアラカルト的に構成しました。

no. 29 ｜ 仁多郡奥出雲町八川　JR木次線「奥出雲おろち号」 *JR Kisuki Line "Okuizumo Orochi Train"*
04 Unnan area ｜ Yakawa, Okuizumo-cho, Nita-gun, Shimane-Pref, Japan

雲南市加茂町三代

段部のしだれ桜 Weeping Cherry Blossoms on Danbe

04 Unnan area ｜ Mijiro, Kamo-cho, Unnan-city, Shimane-Pref, Japan

飯石郡飯南町小田

島根県県民の森 Shimane Prefectural Forest

04 Unnan area | Oda, Iinan-cho, Iishi-gun, Shimane-Pref, Japan

島根絶景　自然と人が織りなす島根の誇り
Proud art woven by nature and people. Spectacular photo collection of Shimane.

深緑の中に息づく
歴史と文化
力強さと優しさが
同居する山麓の彩

05 大田地区

大田市／邑南町／川本町／美郷町

Oda area | The place we think of.

東西におよそ230kmと細長い島根県の中央に位置すること
から"県央"とも呼ばれる大田地域は、漁業が盛んな海岸部
から、世界遺産石見銀山、国立公園三瓶山を擁する山間部
まで、海も山も取り込んだ観光スポットや名ロケーション
の多さは県内でも有数です。

とりわけ、牛の放牧地として利用されるほど緩やかな稜線
が延びる三瓶山は被写体としても主役クラス。今回はそん
な三瓶山系のダイナミックなアングルを始めとした、自然
環境が創り出した雄大な佇まいをご堪能ください。

大田市三瓶町野城

三瓶ダム Sanbe Dam

05 Oda area | Nojiro, Sanbe-cho, Oda-city, Shimane-Pref, Japan

no.41 | 邑智郡邑南町日和　千丈渓 一の滝　Senjokei Gorge Ichinotaki Falls
05 Oda area | Hiwa, Onan-cho, Ochi-gun, Shimane-Pref. Japan

no.44 ｜ 邑智郡邑南町上口羽　川角集落 Kaizumi Community

05 Oda area ｜ Kamikuchiba, Onan-cho, Ochi-gun, Shimane-Pref. Japan

no. 45 | 邑智郡川本町三原 丸山城址 Maruyama Castle Ruins

05 Oda area | Mihara, Kawamoto-machi, Ochi-gun, Shimane-Pref, Japan

no.46 | 邑智郡美郷町粕渕 中国山地の山々 Chugoku Mountains

05 Oda area | Kasubuchi, Misato-cho, Ochi-gun, Shimane-Pref, Japan

表情豊かに
人々を惹きつける
日本海を舞台にした
屋外パノラマ

06 江津市・浜田市

Gotsu & Hamada city ｜ The place we think of.

石見地方の中心地として発展してきた浜田市と、一級河川
江の川の河口に位置する江津市。両市とも古くから水産や
水運で栄えてきた背景があり、人々の暮らしや産業に密着
した歴史や文化が色濃く残る一帯です。

そんな地域性があるからでしょうか、自然と人の暮らしが
重なり合うような海景色に強く惹かれます。

季節、時刻、天候などの条件に合わせ、その相貌を自在に
変えていく日本海。そんな変幻自在のステージだからこそ、
何気ない日常のひとコマを束の間の絶景に変えることもあ
るのです。

no.47 ｜ 江津市黒松町 宝殿ヶ鼻 Hodenga-bana Cape

浜田市長見町

大長見ダム Onagami Dam

06 Gotsu & Hamada city ｜ Nagami-cho, Hamada-city, Shimane-Pref, Japan

海川からの
豊かな恵みと
西端の地史風俗が
紡ぐ色彩美

07 益田地区

益田市／津和野町／吉賀町

Masuda area | The place we think of.

白砂青松と称されるほど美しい海岸線を一部にする益田市は、対馬海流が流れ込む温暖な気候で農業も盛んな地域。片や藩政時代の風情を色濃く残す、山陰の小京都・津和野町とその穀倉地帯でもあり宿場町でもあった吉賀町は、ともに山陽側の文化風習と混ざり合い独自に発展してきた町。

海と山というロケーションの違いだけでなく、歴史も文化もひと括りにできないほど、それぞれが独立した魅力をもった地域。被写体のセレクションにはそんな思いを込めました。

no.56 | 鹿足郡津和野町後田 太皷谷稲成神社 Taikodani-Inari Shrine

07 Masuda area | Ushiroda, Tsuwano-cho, Kanoashi-gun, Shimane-Pref, Japan

no.**57** ｜ 鹿足郡吉賀町蔵木 ひがん花の里 Higanbana Village
07 Masuda area ｜ Kuragi, Yoshika-cho, Kanoashi-gun, Shimane-Pref, Japan

彫刻家 ”日本海” が
創造した眺望絶佳の
諸島景色

08 隠岐諸島

隠岐の島町／海士町／西ノ島町／知夫村

Oki islands | The place we think of.

隠岐の島、中ノ島、西ノ島、知夫里島という４つの島の３町
１村からなり、固有の自然や独自の歴史文化が根づく隠岐
諸島。また最大の隠岐の島を島後、他の３島を合わせて島
前とする地域区分があり、さらに４島それぞれの特色が
あったりと、ひと口に“隠岐”というワードだけでは語りきれ
ない豊かな地域性を形成しています。

とはいえ、日本海の荒波にさらされ続けた野性味あふれる
ロケーションの素晴らしさは４島の共通要素。すでに多く
のビュースポットが知られるところですが、今回はそんな豪
快な姿をランドスケープ的な角度からさらにダイナミックに
捉えてみました。

no.58 | 隠岐郡西ノ島町浦郷 赤尾展望所 Akao Lookout
08 Oki islands | Urago, Nishinoshima-cho, Oki-gun, Shimane-Pref, Japan

no.59 ｜ 隠岐郡隠岐の島町中町　西郷港 Saigo Port
08 Oki islands ｜ Nakamachi, Okinoshima-cho, Oki-gun, Shimane-Pref, Japan

no.
61

隠岐郡海士町豊田

明屋海岸 ハート岩

Akiya Coast Heart Rock

08 Oki islands ｜ Toyoda, Ama-cho, Oki-gun, Shimane-Pref, Japan

08 Oki islands ｜ Urago, Nishinoshima-cho, Oki-gun, Shimane-Pref, Japan

隠岐郡知夫村仁夫

赤壁
Sekiheki Cliff

08 Oki islands ｜ *Nibu, Chibu-mura, Oki-gun, Shimane-Pref, Japan*

no.65 | 隠岐郡知夫村古海 赤ハゲ山展望台 Akahageyama Lookout

08 Oki islands | Urumi, Chibu-mura, Oki-gun, Shimane-Pref, Japan

島根絶景 自然と人が織りなす島根の誇り
Proud art woven by nature and people. Spectacular photo collection of Shimane.

Photo Location Map

日本海

隠岐諸島

西ノ島町
no.58,62

no.60
隠岐の島町

no.59

no.61
海士町

島前

no.64,65

no.63
知夫村

島後

no.49

no.48
no.47

江津市

no.45

川本町

no.52

no.50

no.51
浜田市

no.41

no.53

山口県

no.43

邑南町

益田市

no.54

no.42

津和野町

no.56 no.55

吉賀町

no.57

広島県

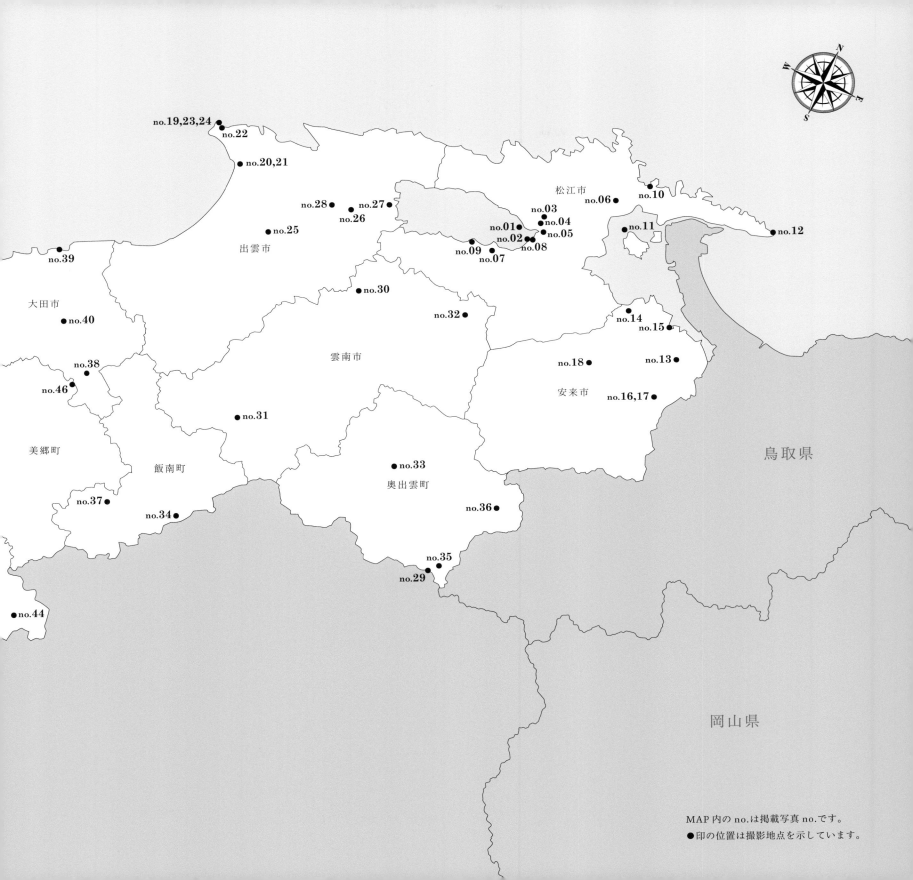

no.19,23,24●
no.22●

no.20,21●

松江市

no.28● no.27● no.06● no.10●
no.26● no.03●
no.01● no.04●
no.25● no.02● no.05●
出雲市 no.08● no.11●
no.09● no.07● no.12●

no.39● no.30●

大田市 no.32● no.14●
no.40● no.15●

雲南市 no.18● no.13●

no.38●
no.46● 安来市 no.16,17●

美郷町 鳥取県
no.31●

飯南町 no.33●

奥出雲町 no.36●

no.37●
no.34●

no.35●
no.29●

no.44●

岡山県

MAP内のno.は掲載写真no.です。

●印の位置は撮影地点を示しています。

INDEX

Proud art woven by nature and people. Spectacular photo collection of Shimane.
photo by KWAN

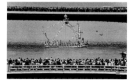

no.33
仁多郡奥出雲町三成 鬼の舌震

04 Unnan area | Oni no Shitaburui Gorge
Minari, Okuizumo-cho, Nita-gun, Shimane-Pref, Japan

no.34
飯石郡飯南町小田 島根県県民の森

04 Unnan area | Shimane Prefectural Forest
Oda, Iinan-cho, Iishi-gun, Shimane-Pref, Japan

no.35
仁多郡奥出雲町八川 奥出雲おろちループ

04 Unnan area | Okuizumo Orochi Loop
Yakawa, Okuizumo-cho, Nita-gun, Shimane-Pref, Japan

no.36
仁多郡奥出雲町竹崎 綿打公園

04 Unnan area | Watauchi Park
Takezaki, Okuizumo-cho, Nita-gun, Shimane-Pref, Japan

no.37
飯石郡飯南町下赤名 赤名湿地付近のそば畑

04 Unnan area | Buckwheat Field near Akana Marsh
Shimoakana, Iinan-cho, Iishi-gun, Shimane-Pref, Japan

no.38
大田市三瓶町志学 三瓶山

05 Oda area | Mt. Sanbe
Shigaku, Sanbe-cho, Oda-city, Shimane-Pref, Japan

no.39
大田市久手町波根西 掛戸松島

05 Oda area | Kakedo Matsushima Rocks
Hanenishi, Kute-cho, Oda-city, Shimane-Pref, Japan

no.40
大田市三瓶町野城 三瓶ダム

05 Oda area | Sanbe Dam
Nojiro, Sanbe-cho, Oda-city, Shimane-Pref, Japan

no.41
邑智郡邑南町日和 千丈渓 一の滝

05 Oda area | Senjokei Gorge Ichinotaki Falls
Hiwa, Onan-cho, Ochi-gun, Shimane-Pref, Japan

no.42
邑智郡邑南町阿須那 賀茂神社例祭 次の日祭

05 Oda area | Kamo Shrine Festival Next Day Festival
Asuna, Onan-cho, Ochi-gun, Shimane-Pref, Japan

no.43
邑智郡邑南町矢上 於保知盆地展望台

05 Oda area | Ohochi Basin Lookout
Yakami, Onan-cho, Ochi-gun, Shimane-Pref, Japan

no.44
邑智郡邑南町上口羽 川角集落

05 Oda area | Kaizumi Community
Kamikuchiba, Onan-cho, Ochi-gun, Shimane-Pref, Japan

no.45
邑智郡川本町三原 丸山城址

05 Oda area | Maruyama Castle Ruins
Mihara, Kawamoto-machi, Ochi-gun, Shimane-Pref, Japan

no.46
邑智郡美郷町粕渕 中国山地の山々

05 Oda area | Chugoku Mountains
Kasubuchi, Misato-cho, Ochi-gun, Shimane-Pref, Japan

no.47
江津市黒松町 宝殿ヶ鼻

06 Gotsu & Hamada city | Hodenga-bana Cape
Kuromatsu-cho, Gotsu-city, Shimane-Pref, Japan

no.48
江津市江津町〜渡津町 郷川橋梁

06 Gotsu & Hamada city | Gogawa Bridge
Gotsu-cho-Watazu-cho, Gotsu-city, Shimane-Pref, Japan

no.49
江津市波子町 波子海水浴場

06 Gotsu & Hamada city | Hashi Beach
Hashi-cho, Gotsu-city, Shimane-Pref, Japan

no.50
浜田市三隅町折居 山陰ブルーと鉄道

06 Gotsu & Hamada city | San-in Blue & Railroad
Orii, Misumi-cho, Hamada-city, Shimane-Pref, Japan

no.51
浜田市長見町 大長見ダム

06 Gotsu & Hamada city | Onagami Dam
Nagami-cho, Hamada-city, Shimane-Pref, Japan

no.52
益田市西平原町 唐音水仙公園

07 Masuda area | Karaoto Suisen Park
Nishihirabara-cho, Masuda-city, Shimane-Pref, Japan

no.53
益田市小浜町 宮ヶ島 衣毘須神社

07 Masuda area | Miyagashima Ebisu Shrine
Kohama-cho, Masuda-city, Shimane-Pref, Japan

no.54
益田市美都町山本 金谷城山桜周辺

07 Masuda area | Around Cherry Blossoms of Kanedani-jozan
Yamamoto, Mito-cho, Masuda-city, Shimane-Pref, Japan

no.55
鹿足郡津和野町後田 津和野城跡

07 Masuda area | Tsuwano Castle Ruins
Ushiroda, Tsuwano-cho, Kanoashi-gun, Shimane-Pref, Japan

no.56
鹿足郡津和野町後田 太皷谷稲成神社

07 Masuda area | Taikodani-Inari Shrine
Ushiroda, Tsuwano-cho, Kanoashi-gun, Shimane-Pref, Japan

no.57
鹿足郡吉賀町蔵木 ひがん花の里

07 Masuda area | Higanbana Village
Kuragi, Yoshika-cho, Kanoashi-gun, Shimane-Pref, Japan

no.58
隠岐郡西ノ島町浦郷 赤尾展望所

08 Oki islands | Akao Lookout
Urago, Nishinoshima-cho, Oki-gun, Shimane-Pref, Japan

no.59
隠岐郡隠岐の島町中町 西郷港

08 Oki islands | Saigo Port
Nakamachi, Okinoshima-cho, Oki-gun, Shimane-Pref, Japan

no.60
隠岐郡隠岐の島町那久 那久岬

08 Oki islands | Cape Nagu
Nagu, Okinoshima-cho, Oki-gun, Shimane-Pref, Japan

no.61
隠岐郡海士町豊田 明屋海岸 ハート岩

08 Oki islands | Akiya Coast Heart Rock
Toyoda, Ama-cho, Oki-gun, Shimane-Pref, Japan

no.62
隠岐郡西ノ島町浦郷 国賀海岸

08 Oki islands | Kuniga Coast
Urago, Nishinoshima-cho, Oki-gun, Shimane-Pref, Japan

no.63
隠岐郡知夫村仁夫 赤壁

08 Oki islands | Sekiheki Cliff
Nibu, Chibu-mura, Oki-gun, Shimane-Pref, Japan

no.64
隠岐郡知夫村古海 赤ハゲ山展望台

08 Oki islands | Akahageyama Lookout
Urumi, Chibu-mura, Oki-gun, Shimane-Pref, Japan

no.65
隠岐郡知夫村古海 赤ハゲ山展望台

08 Oki islands | Akahageyama Lookout
Urumi, Chibu-mura, Oki-gun, Shimane-Pref, Japan

写真

KWAN

島根県出雲市在住。2011年に長らく趣味としていた水上バイクを売却し、デジタル一眼レフカメラ・ニコンD90とレンズを購入する。当初はまわりにカメラに詳しい知人もいなかったため、インターネット上の情報を頼りに独学でカメラ術を習得。セオリーにはまらない自己流が今のスタイルを築き上げた。現在はドローンを使った空撮も行なっており、2020年からはドローンスクールで講師も務めている。今まで誰も知らなかった、そんな山陰の美しい風景を求め、撮影に赴く日々を過ごしている。

自然と人が織りなす島根の誇り

島根絶景　Proud art woven by nature and people.
Spectacular photo collection of Shimane.

2022年11月30日　第1刷発行

写　真 ……………… KWAN

発行所 ……………… 今井印刷株式会社
〒683-0103 鳥取県米子市富益町8
TEL：0859-28-5551

発　売 ……………… 今井出版
印　刷 ……………… 今井印刷株式会社
JET PRESS 720S

編集・企画 ………… 島 秀佳
デザイン …………… 細田 彰洋

ISBN 978-4-86611-316-6　Printed in Japan

【写真について】
本書に掲載している写真は、撮影者もしくは小社にて撮影・掲載の許諾を得て掲載しております。また、撮影者に関係する私有地からの撮影も含まれています。写真は撮影当時のもので、被写体の変化や存続の有無等により現存しない場合があります。本書に掲載の撮影地につきましては、必ず関係者へ許可を得た上での撮影をお願いいたします。また、その際の問題につきましても責任は負いかねますので、予めご了承ください。
※本書に掲載している空撮写真は、法律・条例・規制を遵守して撮影を行ったものです。
　ドローン撮影のほか、航空機からの撮影を含みます。
※ドローンの飛行には、地方航空局長からの許可・承認が必要となる場合があります。